Ideen *Blitz*

Ingrid Biermann
WaldTage
Kleine Aktionen für den Kita-Alltag

Herder Freiburg · Basel · Wien

Vorwort

Waldtage

Der Wald hat schon immer das Interesse der Menschen geweckt. In unzähligen Liedern, Märchen, Fabeln, Geschichten spielt er eine tragende Rolle. Gutes und Böses, Spannendes, Geheimnisvolles, Verzaubertes, Verwunschenes, Unvorhersehbares, all das wird in Verbindung mit dem Wald gebracht und weckt daher die Neugierde von Jung und Alt. Zu allen Jahreszeiten reizt der Wald zum Entdecken. Er wird nie langweilig, da er sich ständig verändert. Auch in der heutigen Zeit ist der Wald immer noch ein begehrter Aufenthaltsort. In ihm kann man sich entspannen, in ihm kann man träumen, verweilen, beobachten, seine Sinne schärfen, fantasieren und vieles mehr. Er schenkt uns die Ruhe, die jeder als Ausgleich benötigt. Manchmal macht er uns aber auch, da wir ihn zu wenig kennen, ein wenig Angst. Der Wert einer solchen natürlichen Umgebung für die Entwicklung und Entfaltung eines Menschen ist gerade in unserer heutigen, lauten Welt allen bekannt. In Schulen und Kindertageseinrichtungen stellen Wald- und Erlebnispädagogik inzwischen oft einen wichtigen Teil der gesamten Pädagogik dar. Aus dem Bedürfnis heraus, die Kinder den Wald hautnah erleben und entdecken zu lassen, entstehen heute immer häufiger Waldkindergärten. Sie haben den Wald zu ihrem Haus gemacht. Die Kinder verbringen den Tag dort bei jedem Wetter. Aber nicht nur ein Waldkindergarten kann den Schwerpunkt seiner Pädagogik auf das Umfeld Wald legen, sondern auch ein Regelkindergarten kann den Wald zum Thema machen.
Um Ihnen, liebe Kolleginnen, Mut zu machen und Ihnen bei der Durchführung interessanter Waldtage zur Seite zu stehen, möchte ich Ihnen für dieses Thema einige Anregungen und Impulse geben.

Inhalt

Vorwort	2
Einstiegsgeschichte: Der einsame Dideldum	4
Spielgeschichte: Der Zapfenzwerg	8
Fingerspiel: Zwischen dicken hohen Bäumen	10
Bewegungsangebot: Trimm dich im Wald	12
Klanggeschichte: Hermann und Tusnelda	14
Lied: Ein Männlein steht im Walde	18
Basteln: Kreatives aus Naturmaterialien	20
Leckeres für ein Picknick im Wald	22
Literatur	24

1. Verlegen Sie möglichst viele Angebote in den Wald, denn es ist sehr schön, eine Geschichte, ein Lied oder eine Fantasiereise im Wald zu hören, zu singen oder zu erleben.
2. Laden Sie Personen, die einen engen Kontakt zum Wald haben, z.B. einen Förster, Waldarbeiter oder walderfahrene Eltern, ein, Waldtage mit Ihnen zu gestalten bzw. Sie bei deren Durchführung zu unterstützen.
3. Lassen Sie die Kinder aktiv werden. Sie können mit eigenen Geschichten, Bilderbüchern usw. zum Gelingen des Projektes beitragen.
4. Besuchen Sie beispielsweise Ausstellungen, die mit dem angebotenen Thema zu tun haben.
5. Richten Sie Projektecken, - räume oder -zimmer ein. Dort wird alles gesammelt, aufgestellt, aufgehängt, was mit dem Thema in Verbindung steht. So können die Kinder allein oder mit anderen ihre Beziehung zum Wald vertiefen.

Ingrid Biermann

Einstiegs-
geschichte

Der einsame Dideldum
– Ein Ratemärchen –

Vorbereitungen:
Die Kinder schneiden aus festem, großen Papier Tannenbäume und verwandeln damit einen Raum, die Ecke eines Raumes oder einen Teil des Flures in einen Tannenwald. Eine braune oder grüne Wolldecke dient als Waldboden.

Materialien:
Stoffbeutel mit Waldtieren (der Beutel sollte sowohl Tiere aus der Geschichte als auch andere Tiere enthalten), CD-Player und eine Geräusche-CD (da sich das Angebot solcher CDs im Handel ständig ändert, ist es am besten, wenn Sie sich bei einem guten Musikalienhändler beraten lassen).

Einstieg: Die Kinder gehen in den von ihnen vorbereiteten Tannenwald. Dort wird ihnen mit Hilfe einer Geräusche-CD ein Hörrätsel gestellt: Sie hören verschiedene Wald- und Fremdgeräusche und sollen raten und differenzieren. Danach wird das Rate-Märchen erzählt. Hierzu setzen oder legen sich die Kinder auf den Waldboden.

Es war einmal ein einsamer Dideldum. Er lebte allein, ohne seine Brüder und Freunde, in einem großen Tannenwald, in dem es keine Tiere mehr gab. Alle Tiere hatten vor langer Zeit diesen Wald verlassen, weil sie hier von den Menschen immer nur gehetzt und gejagt wurden. Dideldum aber wollte aus diesem Wald nicht fort. Er liebte diesen Ort. Hier war seine Heimat. Dideldum kannte keine anderen Tiere mehr. Er hatte vergessen, wie sie aussahen. Doch eines Tages gefiel ihm das Alleinsein nicht mehr. Die Nächte waren dunkel und lang und die Tage langweilig und einsam. Mit niemandem konnte er durch den Wald rennen, frisches grünes Gras fressen oder einfach nur faul herumliegen und träumen. Eines Nachts, als er wieder einmal sehr traurig und allein in den Mond schaute, sprach dieser plötzlich mit ihm und fragte: „Warum bist du immer so traurig?" Dideldum erzählte dem Mond, dass er einsam und allein sei und unbedingt jemanden brauche, der bei ihm bleibe. „Die Zeit wird kommen", sagte der Mond, „dann wirst du jemanden finden, der dir deine Einsamkeit nimmt. Du wirst mit ihm viel Spaß haben und dann diese traurigen Tage schnell vergessen. Du musst nur ein wenig Geduld haben. Sei guten Mutes, sperr' unterwegs deine Augen und Ohren auf und du wirst sehen, irgendjemand wird kommen, der bei dir bleibt. Hab' Vertrauen und sei immer wachsam." Als der Mond das gesagt hatte, verschwand er wieder hinter einer dicken Wolke. Dideldum freute sich über die Worte des Mondes und schlief ein. Am nächsten Morgen, als er von der Sonne geweckt wurde, spitzte er seine langen Ohren, schaute nach links und rechts und sprang mit riesigen Sprüngen durch den Wald. Als er zum Fressen eine Pause machte, kam ein stacheliges unbekanntes Wesen auf ihn zu, blieb vor Dideldum stehen, schaute mit seinen großen Augen zu ihm auf und Dideldum war glücklich. „Ist das der Jemand, der für immer bei mir bleibt?", dachte Dideldum. Er rückte nah an dieses stachelige Wesen heran. Doch, o Schreck! Plötzlich richteten sich die Stacheln auf, wurden ganz hart und Dideldum riss sich seine Pfote ein. „Nein", dachte er, „mit diesem stacheligen Etwas will ich nicht zusammen bleiben!" und er hoppelte weiter. Nachdem er sich in Sicherheit gebracht hatte, kam ein schnaufendes, dickes Ungeheuer auf vier kurzen Beinen auf ihn zugerannt. Es blieb direkt vor Dideldum stehen, wühlte in der feuchten Erde, wälzte sich im Matsch und stand dreckig und stinkend vor ihm. Dideldum erschrak und sprang mit riesengroßen Sprüngen fort. Nein, bei so einem stinkenden Wesen wollte Dideldum auch nicht bleiben. Erschöpft setzte er sich unter eine uralte Eiche. Der Mond leuchtete durch die Äste und sah wieder Dideldums Traurigkeit. „Warum bist du wieder so traurig?", fragte der Mond. „Ach", sagte Dideldum, „du hast mir so viel Hoffnung gemacht, dass ich jemanden finde, der zu mir passt. Ich habe zwar zwei seltsame Wesen getroffen, aber sie passten gar nicht zu mir." „Lass dir Zeit, hab Vertrauen und Geduld. Eines Tages wirst du jemanden finden und dann wirst du sehr glücklich sein." Doch Dideldum hörte die letzten Worte des Mondes schon nicht mehr. Er war von den Erlebnissen so müde, dass er, ohne einen Bissen zu essen, einschlief.

Rate-Märchen

Am nächsten Morgen sprang er erneut durch den Wald. Immer auf der Suche nach jemandem, der bei ihm bleibt. Plötzlich hörte er jemand laut einen Namen rufen. Dideldum war erfreut. „Jetzt habe ich bestimmt den Richtigen gefunden", dachte er und sprang in die Richtung, aus der das Rufen kam. Vor einem Baum blieb er stehen, schaute nach oben und sah ein unbekanntes Wesen. „Wie heißt du?", fragte Dideldum. Mit frecher Stimme antwortete es: „Stell nicht so dumme Fragen. Du hast doch so riesengroße, hässliche Ohren und hast damit trotzdem nicht meinen Namen gehört. Ich rufe ihn doch ständig. Nein, nein, was gibt es für dumme Wesen." Dideldum war wütend über die frechen Worte dieses eigenartigen Wesens. Mit dem wollte er auch nicht zusammenbleiben. Er machte sich, so schnell er konnte, mit riesigen Sprüngen aus dem Staub. Völlig erschöpft kam er zu einem Fluss. Gerade, als er von dem kühlen Wasser trank, hörte er hinter sich jemanden sprechen: „Na, schmeckt dir das Wasser?" Dideldum schaute sich um, sah einen Riesen mit großen Hörnern vor sich, erschrak und rannte so weit ihn seine langen Beine trugen. „Bleib' doch bei mir", rief das riesige Ding hinter ihm her. Doch Dideldum wollte nur weit weg und alleine sein. Zwischen den großen Tannen im Wald versteckte er sich. Die Nacht brach herein und der Mond schaute durch die Bäume. Er sah, wie Dideldum zusammengekauert unter einer Tanne saß und weinte. „Warum weinst du wieder?", fragte der Mond. Dideldum flüsterte: „Ich glaube nicht mehr an das, was du gesagt hast. Ich werde bestimmt für immer alleine

bleiben und niemandem meine weiten Sprünge, meine guten Ohren und meine guten Augen zeigen können. Ich bin soooooo..." Dideldum konnte den Satz nicht zu Ende sprechen, denn er war so müde. Mit Tränen in den Augen schlief er ein. Am nächsten Morgen wurde er durch ein seltsames Kratzen direkt neben sich geweckt. Er öffnete seine Augen und sah jemanden, der genauso aussah wie er. Das unbekannte Wesen schaute ihn mit freundlichen Augen an, spitzte seine langen Ohren und sagte: „Darf ich bei dir bleiben? Ich bin ganz allein." Dideldum strahlte. Hatte er nun endlich jemanden gefunden, der zu ihm passte? „Sehr gerne kannst du bei mir bleiben", antwortete er. „Ich bin auch allein." Freudig sprangen sie nun gemeinsam mit riesengroßen Sprüngen in den tiefen Wald hinein. „Der Mond hatte Recht", dachte Dideldum. Mit Geduld und ganz viel Vertrauen werden manche Wünsche Wirklichkeit.

Frage: Wer war Dideldum und welche Tiere hat er im Wald getroffen?

Auswertungsvorschläge:
1. Die Tiere im Stoffbeutel werden erfühlt, der Geschichte zugeordnet und aussortiert.
2. Die Tiere aus der Geschichte werden gemalt.
3. Machen Sie einen gemeinsamen Waldspaziergang, bei dem die Kinder nach den Tieren Ausschau halten können.

Spielgeschichte

Der Zapfenzwerg

Wenn Sie mit den Kindern die auf den Seiten 20/21 beschriebenen Basteleien mit Kastanien gemacht haben, können Sie diese gut in der folgenden Geschichte einsetzen.

Materialien:
Je ein Stück weißer, grüner, brauner und blauer Stoff, Stoffmalfarbe, zwei Stühle, eine Lampe, Figuren aus den Naturmaterialien (s. Seiten 20/21), ein kleiner Korb (darin sind die Figuren aufbewahrt), für jedes Kind ein Sitzkissen oder eine Matte.

Vorbereitung:
Auf den weißen Stoff wird mit Stoffmalfarbe eine Waldlandschaft gemalt. Zwei Stühle werden zusammengestellt. Das Tuch wird über eine Stuhllehne gehängt. Auf dem Stuhl liegt ein grünes Tuch. Es symbolisiert die Wiese. Das braune Tuch wird zu einem Berg zusammengekugelt und auf den anderen Stuhl gelegt. Ein breites blaues Tuch wird als Fluß über die Stühle gelegt. Im Nu ist eine kleine Stuhlbühne entstanden. Die Erzieherin hockt sich neben die Bühne und spielt das kleine Theaterstück. Die Figuren werden hinter der Stuhlbühne aufbewahrt. Ein kleiner Zapfenzwerg liegt versteckt unter dem Tuchberg.

Einstieg:
Die Kinder setzen sich im Halbkreis vor die Stuhlbühne auf ihre Sitzkissen. Die Erzieherin lädt sie ins Stuhltheater ein. Um eine gemütliche Theateratmosphäre zu schaffen, wird der Raum verdunkelt, und die Bühne mit einer Lampe angestrahlt. Dann wird die Versgeschichte erzählt und gleichzeitig mit den Figuren gespielt. Dabei wird immer die entsprechende Figur hervor geholt und auf die Stuhlbühne gestellt.

	Vorm Tannenwald, da ist ein Berg,
	darin wohnt ein Zapfenzwerg.
	Wenn die Sonne dann erwacht,
	der Zwerg einen Spaziergang macht.
Aus dem Tuchberg einen Zapfenzwerg holen	Er kommt hervor aus seinem Berg,
	er ist ein sehr, sehr kleiner Zwerg.
	Er schaut sich um, kann nichts entdecken,
	läuft los und will die andern wecken.
einen Kastanienhirsch hervorholen	Er trifft den Hirsch, der kommt daher,
	der Zapfenzwerg, der freut sich sehr.
	Er wohnt im Wald, dort, wo die Hasen
	im grünen Gras ganz furchtlos grasen.
	Ein Igel ist auch aufgewacht
einen Kastanienigel hervorholen	hat schlecht geschlafen heute Nacht.
	Er schaut sich um, auch er bleibt stehn,
	denn hier, da ist es wirklich schön.
ein Nußschalenschiff hervorholen	Ein Segelschiff kommt leis' daher,
	und segelt weiter in das Meer.
	Der Hirsch, der Igel und der Zwerg,
	sie setzen sich dann vor den Berg.
	Sie sitzen da und schaun in Ruh'
einen Steinkäfer hervorholen	dem Käfer dann beim Krabbeln zu.
	Der Tag vergeht und unsere vier,
	die bleiben heute Nacht nicht hier.
den Kastanienhirsch entfernen	Der Hirsch verschwindet in dem Wald
den Steinkäfer entfernen	und auch der Käfer folgt ihm bald.
den Igel entfernen	Der Igel läuft hinter den Berg,
den Zwerg wegnehmen	dorthin verschwindet auch der Zwerg.
die Lampe ausschalten	Dunkel wird es und ganz still,
	weil jeder jetzt gern schlafen will.
die Lampe wieder einschalten	Doch bricht der Tag von neuem an,
	fängt das Spiel von vorne an.

Hinweis: Das kleine Stück kann mehrmals gespielt werden. Jetzt werden die Kinder als Spieler eingesetzt.

Ideen*Blitz*

Zwischen dicken hohen Bäumen

Mit beiden Händen einen Baum zeigen. Rechte Hand zur Faust ballen.	Zwischen dicken hohen Bäumen liegen fünf Rehe ganz still und träumen. Sie träumen viele schöne Geschichten, von denen sie morgens freudig berichten. Kommt dann die Sonne und wärmt sie ganz sacht,
Die Finger der linken Hand spreizen und über die geballte Faust halten.	dann ist vorbei die lange Nacht.
Daumen der rechten Hand strecken.	Das Erste wird wach, es reckt sich sodann und fängt gleich zu erzählen an. Es war im Traum ein Zottelbär,
Mit dem Daumen hin- und herspringen.	sprang munter immer hin und her.
Zeigefinger der rechten Hand strecken.	Das zweite Reh, es saß im Traum
Die linke Hand hoch halten.	auf einem riesengroßen Baum.
Mit der rechten Hand Wellenbewegungen machen.	Unter ihm im wilden Bach
Mit der linken Hand Zickzack-Bewegungen machen.	schwamm ein Fisch, ihm schaute es nach.

Erschrocken schauen und den Mittelfinger der rechten Hand strecken.	Das dritte Reh erschreckt sich sehr, wer lief im Traum hinter ihm her?
Die linke Hand vor die Stirn legen und hin- und herschauen.	Niemand ist da, o welch ein Glück, der Traum, er kehrt nicht mehr zurück.
Ringfinger der rechten Hand strecken.	Das vierte Reh, es wird jetzt wach, denkt über seinen Traum noch nach.
Mit dem Ringfinger auf der anderen Hand Springbewegungen machen.	Es sprang vergnügt im Sonnenschein über Stock und über Stein.
Den Zeigefinger der rechten Hand an den Mund legen. Kleiner Finger bleibt gebeugt.	Das fünfte Reh, psst, seid schön still, weil es noch etwas träumen will.
Die Finger der linken Hand kitzeln den kleinen Finger der rechten Hand.	Die Sonne kitzelt es ganz sacht, da ist es endlich aufgewacht.
Den kleinen Finger langsam strecken.	Es reckt und streckt sich, kommt zu mir, was es geträumt, erzähl ich dir.
Etwas ins Ohr des Nachbarn flüstern.	Jetzt hör gut zu, ich fange dann ganz leise zu erzählen an.
Die Finger der linken Hand stoßen die fünf „Rehfinger" an.	Die Sonne geht, die Nacht bricht an, da klopfen die Träume wieder an.
Finger der rechten Hand zur Faust ballen.	Die Rehe legen sich zur Ruh' und machen ihre Augen zu.

Ideen*Blitz*

Bewegungsangebot

Trimm dich im Wald

Hinweis: Diese Turnstunde lässt sich gut im Wald durchführen. Es wird ein Trimm-dich-Pfad ausgesucht, der den Kindern viele Kletter-, Balancier- und Springmöglichkeiten bietet. Sollte es schwierig sein, dieses Angebot in der Umgebung zu finden, so kann auch im Keller mit etwas Fantasie ein Trimm-dich-Pfad errichtet werden.

Fangen im Wald
Die Kinder bewegen sich zwischen den Bäumen. Wird das Wort „Baum" gerufen, so laufen sie zu einem Baum. Ein Baum darf nie von zwei Kindern „besetzt" sein.

Variation: Alle laufen zu einem bestimmten Baum, der vorher benannt wird.
Die Laufart wird verändert (auf einem Bein hüpfen, wie ein Hase laufen, krabbeln usw.).

Für den Keller: Als Bäume werden Turnstäbe aufgestellt.

Über Baumstämme balancieren

Variation: vorwärts, seitwärts, krabbeln
Für den Keller: Turnbänke aufstellen

Über schmale Bäche springen
Variation: Über Baumstämme springen.
Für den Keller: Mit Hilfe von Seilchen einen „Bachlauf" legen.

Von Stein zu Stein hüpfen

Von Baum zu Baum oder von Baumstumpf zu Baumstumpf hüpfen. Beine beim Hüpfen wechseln, danach mit geschlossenen Beinen hüpfen.

Variationen:

Für den Keller: Mit Hilfe kleiner Sitzmatten einen Hüpfweg legen.

So flink wie ein Reh

Die Kinder rennen zu zweit (zu dritt, zu viert, gemeinsam) eine festgelegte Waldwegstrecke um die Wette.

Für den Keller: Sie laufen von einer Wand zur anderen.

Tannenzapfenweitwurf

Die Kinder werfen Tannenzapfen auf ein bestimmtes Ziel und in eine bestimmte Richtung.

Variation: Sie werfen gemeinsam auf ein Ziel, z.B. auf einen kleinen Baumstumpf, der irgendwo im Wald steht.

Für den Keller: Mit kleinen Bällen auf ein Ziel werfen.

Hinweis: Die Trimm-dich-Spiele können durch Vorschläge der Kinder beliebig erweitert oder variiert werden.

Zum Schluss trinken alle gemeinsam zur Stärkung einen erfrischenden Saft mit Beeren aus dem Wald, z.B. Himbeersaft.

Klanggeschichte

Hermann und Tusnelda

Materialien: eine große Auswahl an Orff-Instrumenten, ein Bild (Kalenderbild) von einem Wald, mehrere Faltblätter, für jedes Kind ein Sitzkissen für den Sitzkreis, Malpapier, Stifte, für jedes Kind eine harte Malunterlage (Holzbrett)

Spielanleitung: Mit Orff-Instrumenten werden Hermann und Tusnelda, die Menschen, die in den Wald gehen, der Wind, der Regen, die Sonne, der Mond, der Donner, der Blitz, der Baumdoktor, die Waldtiere, das Blätterkleid, das Knacken und Knistern der Äste verklanglicht. Ebenso werden Handlungen und Stimmungen mit den Instrumenten dargestellt.

Ablauf: Das Waldbild wird auf den Boden gelegt und mit vielen kleinen Faltbildern abgedeckt. Die Kinder können nacheinander die Blätter entfernen und dabei das Bildmotiv erraten. In einem anschließenden Gespräch können die Kinder alles zusammentragen, was sie über den Wald wissen.
Die Erzieherin weist darauf hin, dass in diesem Wald zwei besondere Bäume stehen und erzählt die folgende Geschichte. Danach werden die Orff-Instrumente besprochen und nach einer Experimentierphase der Geschichte entsprechend eingesetzt.

Am Rande eines Waldes stehen zwei alte Bäume. Der eine ist groß und dick, hat einen runzligen Stamm und knorrige Äste und Zweige. Er trägt eine dichtes Blätterkleid und heißt Hermann. Der andere Baum ist klein und dünn, hat eine glatte Rinde, schlanke Äste und Zweige, ebenfalls ein dichtes Blätterkleid und heißt Tusnelda. Die beiden Bäume sind ein beliebtes Ausflugsziel. Viele Menschen kommen hierher, um Hermann und Tusnelda zu betrachten und zu bestaunen. Hermann und Tusnelda stehen schon seit Jahren hier. Sie sind unzertrennlich, denn zwei ihrer Äste haben sich so miteinander verzweigt, dass sie nicht mehr zu trennen sind. Hermann und Tusnelda lassen sich gerne bestaunen.
Je mehr sie bewundert werden, umso breiter wird ihr Blätterkleid.

Klanggeschichte

Tusnelda und Hermann sind aus diesem Wald nicht wegzudenken, deshalb pflegt der Förster sie auch besonders gut. Abends, wenn Ruhe eingekehrt ist und kein Mensch mehr in diesem Wald herumstrolcht, stehen die beiden da, schauen in die untergehende Sonne und sind froh, hier zusammen zu sein. Wenn der Wind durch sie hindurch weht, dann streichelt Hermann mit seinen Blättern sanft das Blätterkleid von Tusnelda, und das macht sie sehr glücklich.

So vergehen die Tage und Hermann und Tusnelda sind immer füreinander da. Gemeinsam erleben sie die Sonne und in ihren Strahlen breiten sie sich aus. Sie erleben aber auch Regen und Sturm. Dann halten sie sich mit ihren Ästen gegenseitig fest. Nachts, wenn der Mond sein Licht in den Wald schickt, träumen sie gemeinsam, und Tusnelda schmiegt sich zufrieden an Hermann.

Doch eines Nachts verändert ein starkes Gewitter ihr schönes Leben. Donnerschläge erschüttern den Wald und starke Blitze schnell wie Pfeile zischen vor und hinter ihnen in den feuchten Waldboden. Tusnelda ist sehr ängstlich. Der Sturm zerzaust ihr schönes Kleid und Tusnelda sucht Halt bei Hermann. Ein Blitz nach dem anderen saust zu Boden, und ein Donnerschlag folgt auf den nächsten. Das Gewitter will kein Ende nehmen. Plötzlich zischt es und Hermann wird von einem Blitzschlag getroffen. Ein Blitz, so stark wie ein Stromschlag, fährt durch seinen Stamm und zerreißt ihn in zwei Teile. Er reißt Hermann und Tusnelda von einem Moment zum anderen auseinander. Ein Teil von Hermann kann sich nicht mehr halten und fällt mit einem lauten Knistern und Knacken zu Boden.

Oh weh, jetzt steht Tusnelda allein da und ist dem Regen, dem Sturm, dem Donner und den Blitzschlägen schutzlos ausgesetzt. Die ganze Nacht stürmt und regnet es und erst gegen Morgen zieht das Unwetter weiter. Als am anderen Morgen der Förster in den Wald kommt, ist er sprachlos, als er sieht, was mit Hermann geschehen ist. Sofort holt er Hilfe. Ein Baumdoktor kommt und Hermann wird mit viel Liebe verbunden. Es ist eine harte Arbeit und nach vielen Stunden steht Hermann, von Stöcken gehalten, wieder aufrecht neben Tusnelda. Sie ist sehr besorgt um Hermann.

In den nächsten Tagen kommen viele Menschen, um die beiden zu trösten und ihnen Mut zuzusprechen. Sie legen Blumen vor seinen Stamm, streicheln ihn und wünschen ihm gute Besserung. Auch Tusnelda verwöhnt ihn. Wenn der Wind durch ihr Blätterkleid fährt, streichelt sie ihn zärtlich. Sie wünscht sich so sehr, dass Hermann wieder gesund wird. Die Sonne kommt nun jeden Tag. Mit ihren Strahlen schickt sie ihm Wärme und der Regen schickt ihm frisches Wasser, um seinen Durst zu stillen. Auch die Waldtiere besuchen Hermann täglich. Sogar der Sturm macht einen Umweg. Er fegt in der nächsten Zeit nicht durch diesen Wald. Er will Hermann nicht wieder verletzen. Sein Heulen ist nur von weitem zu hören. So vergeht einige Zeit und Hermann fühlt sich jeden Tag kräftiger. Er weiß, dass er wieder gesund werden wird.

Eines Tages kommt der Förster mit dem Baumdoktor. Er betrachtet Hermann von allen Seiten und sagt dann: „Ich glaube, Hermann hat es geschafft. Wir können seine Verbände abnehmen." Sie erlösen ihn von den Stöcken und Verbänden und bleiben gespannt stehen. Hermann fühlt sich wieder gesund. Er streckt seine Äste und Zweige nach allen Seiten aus und dreht sein Blätterkleid hin und her. Er hat wieder Kraft. Tusnelda ist sehr froh, dass Hermann wieder prachtvoll neben ihr steht.

Am Abend, als der Mond den Wald erhellt und der Wind leise durch die Bäume säuselt, legt Hermann leicht einen Ast um Tusnelda, denn er ist froh. Alles ist wieder so wie früher. Nur eine Narbe, die lang durch seinen dicken Stamm geht, erinnert noch an das schreckliche Gewitter.

Auswertung: Die Kinder malen ein Bild von Hermann und Tusnelda.

Lied

Ein Männlein steht im Walde

Einstieg: Bilderrätsel
Die Erzieherin malt auf ein Blatt Papier einen Pilz. Während sie malt, versuchen die Kinder, das Motiv zu erraten. Danach können sie in einem Gespräch all das zusammentragen, was sie über Pilze wissen. Anschließend wird das Lied zusammen gesungen und gespielt.

Ein Männlein steht im Walde,
ganz still und stumm,
es hat von lauter Purpur ein Mäntlein um.
Sag, wer mag das Männlein sein,
das da steht im Wald allein,
mit dem purpurroten Mäntelein.

Ein Männlein steht im Walde
auf einem Bein
und hat auf seinem Haupte
schwarz Käpplein klein.
Sag, wer mag das Männlein sein,
das da steht im Wald allein,
mit dem kleinen schwarzen Käppelein.

Dieses Lied kann von den Kindern gespielt und mit Orff-Instrumenten oder Waldrasseln (mit Waldschätzen gefüllte Dosen) begleitet werden.

Basteln

Kreatives aus Naturmaterialien

Zapfenzwerg

Materialien: Tannenzapfen, Eicheln, ein starker Kleber oder eine Klebepistole (Hinweis: Kinder sollten nicht mit dieser Klebepistole kleben. Diese Aufgabe muss die Erzieherin übernehmen!), ein Stück Filz, Filzstifte

Herstellung: Auf jeweils einen Tannenzapfen wird eine Eichel geklebt und auf diese mit den Stiften ein Gesicht gemalt. Der Zapfenzwerg erhält einen aus Filz gebastelten Hut.

Kastanienhirsch

Materialien: Kastanien, Eichelhüte, kleine Stöckchen, Heißkleber oder starker Kleber, Pinsel, eventuell Handbohrer, Plakafarbe

Herstellung: Zwei Kastanien werden aneinander geklebt. Die kleinen Naturstöckchen werden als Geweih und Füße angeklebt oder in das mit einem Handbohrer vorgebohrte Loch gesteckt. Ein Eichelhut ist die Schnauze und wird vorne an die Kastanie geklebt. Mit Plakafarbe können die Augen aufgemalt werden.

Kastanienigel

Materialien: flache Kastanien, Zahnstocher, Plakafarbe, Pinsel

Herstellung: Die Zahnstocher werden so in die Kastanie gesteckt, dass die Flachseite auf den Boden gelegt werden kann. Mit Plakafarbe kann ein Gesicht gemalt werden.

Steinkäfer

Materialien: viele verschieden glatte und runde Steine, Plakafarbe, Pinsel

Herstellung: Steine werden mit Plakafarbe als Käfer bemalt.

Segelschiff

Materialien: halbe Walnussschalen, kleine Stöckchen, Filzreste, Heißkleber oder starker Kleber

Herstellung: Mit dem Kleber wird das Stöckchen in die Schale geklebt. Daran befestigt man ein Stück Filz als Segel.

Freies Arbeiten mit Naturmaterialien

Den Kindern wird eine große Auswahl an Blättern, Eicheln, Kastanien, Stöckchen, Wollfäden und andere Hilfsmittel wie Klebstoff, Handbohrer usw. zur Verfügung gestellt. Daraus können sie Mandalas legen, Ketten aufziehen, Tiere oder Phantasiefiguren kreieren.

Rezepte

Leckeres für ein Picknick im Wald

Nichts macht mehr Spaß, als bei einem Aufenthalt im Wald die Decke auszubreiten, den Rucksack zu öffnen und gemeinsam zu essen. Die angegebenen Speisen sind leicht zuzubereiten und zu transportieren.

Etagenbrote

Zutaten: Toastbrotscheiben, Käse, Kochschinken, Bratenaufschnitt, hart gekochte Eier, Gurken, Tomaten, Blattsalat, Remoulade

Zubereitung: Die Toastscheiben können leicht angetoastet werden. Nun werden sie mit Remoulade bestrichen und beliebig mit mehreren Schichten belegt. Zum Schluss wird wieder eine Toastscheibe darübergelegt. Nun wird es das Etagenbrot so durchgeschnitten, dass zwei Dreieckbrote entstehen. Die Brote werden fest verpackt, damit sie nicht auseinander fallen.

Bunte Obst- und Käsespieße

Zutaten: Schaschlikspieße, Käsewürfel, Obstwürfel nach freier Wahl

Zubereitung: Obst und Käsewürfel werden abwechselnd auf die Spieße geschoben und gut verpackt.

Wurstspieße

Zutaten: Schaschlikspieße, kleine Cocktailwürstchen, kleine Gurken

Zubereitung: Die Würstchen und Gurken werden abwechselnd auf die Spieße geschoben. (Es können auch eine Fleischwurst und Glasgurken in kleine Würfel geschnitten werden.)

Variation: Anstelle von Würstchen können auch Minifrikadellen verwendet werden.

Zutaten:

Müslischnitten
¼ l Sonnenblumenöl, 375 g Honig, 250 g Sesam, 250 g Sonnenblumenkerne, 250 g grob gehackte Mandeln, 250 g grobe und 250 g feine Haferflocken, die geriebene Schale von 3 unbehandelten Zitronen

Zubereitung:

Alles in einem Topf bei mäßiger Hitze verrühren und leicht anrösten (ca. 5 Minuten). Auf einem mit Backpapier ausgelegten Backblech verteilen und bei 200 Grad 15-20 Minuten backen. Noch warm in kleine Schnitten schneiden.

Getränke
Je nach Witterung können kalte oder warme Früchtetees mitgenommen werden. Die Auswahl an diesen Teesorten ist sehr groß, so dass für jeden Geschmack etwas zu finden ist.

Ideen **Blitz**

Literatur

Heide Bergmann
Natur – das muss man erleben
In: Mobile 4/1996

Heide Bergmann / Ursel Bühring / Andrea Groß
Kleine grüne Wunder
Verlag Herder, Freiburg 1996

Höhere Forstbehörde Westfalen-Lippe (Hg.)
Walderlebnisspiele
Verlag an der Ruhr, Mühlheim a.d.R. 1997

Bernhard Lehnert
Hörst du die Regenwürmer husten?
Kindergarten Fachverlag, St. Ingbert 1996

Christine Merz / Hartmut Schmidt
Raus in den Wald
In: kindergarten heute 6/1997

Natur- und Umweltschutz Akademie
des Landes NRW (Hg.)
Naturwerkstatt für Kinder
ohne Ort 1998

Thomas Schöneberg u.a.
Kinder, Tiere, Wald und Feld
In: kindergarten heute 10/1997

Martin Völkening
Die Baum-Rallye
Verlag für Pädagogik, Köln 1997

2. Auflage

Alle Rechte vorbehalten – Printed in Germany
© Verlag Herder Freiburg im Breisgau 2000
Illustrationen: Unen Enkh, Denzlingen
Layout: Zumstein Grafik-Design, Merzhausen
Herstellung: J. P. Himmer, Augsburg
ISBN 3-451-27102-8